ASSOCIATION AMICALE

DES ANCIENS ÉLÈVES

DU LYCÉE SAINT-LOUIS

AUGUSTE-HENRI

JULES DELALAIN

1810-1877

PARIS. — IMPRIMERIE DELALAIN,
RUE DE LA SORBONNE, 1 ET 3.

JULES DELALAIN

1810-1877

Un des chefs de la librairie parisienne, une des figures les plus originales, les plus bienveillantes et les plus sympathiques, vient de disparaître, enlevé à sa famille, à ses amis, par un de ces coups soudains qui déconcertent toutes les prévisions et laissent après eux l'effarement. A nous qui, pendant longtemps, avons vécu côte à côte avec lui, qui nous sommes trouvé parfois associé à ses travaux, qui lui étions attaché par les liens de l'affection la plus vive, il sera permis de retracer les traits principaux de cette vie si laborieuse et si bien remplie.

Né le 31 janvier 1810, Auguste-Henri-Jules Delalain était fils de Jacques-Auguste Delalain, imprimeur libraire, qui avait lui-même succédé à son père Nicolas-Augustin Delalain, reçu libraire en 1764. En 1836, M. Jules Delalain avait épousé Mlle Stéphanie Lagarde, qui l'a précédé de bien peu dans la tombe, comme lui foudroyée sous une de ces commotions organiques devant lesquelles la science est impuissante. C'est à l'occasion de son mariage qu'il avait été associé par son père à la maison d'imprimerie et de librairie. L'association avait duré six ans, et en 1842 M. J. Delalain restait seul propriétaire d'un établissement déjà des plus avantageusement connus. Il est loin d'avoir périclité entre ses mains, et il le transmet aujourd'hui à ses fils agrandi, florissant, paré enfin de cette auréole d'honneur commercial qui, comme l'autre noblesse, oblige.

I

La maison à la tête de laquelle M. Jules Delalain se trouvait désormais seul placé, par suite de la retraite de son père, avait pour spécialité la publication de livres relatifs à l'enseignement. Elle devait ce caractère à l'acquisition, faite en 1808 par son chef, de l'imprimerie et de la librairie des Barbou, dont le nom brillait d'un vif éclat au dix-huitième siècle. La dynastie des Barbou publiait des éditions de classiques latins fort remarquées alors, tant pour la correction du texte, emprunté aux sources les plus pures, que pour l'exécution typographique, rehaussée de gravures dues aux artistes les plus en renom. En succédant à leurs affaires, la librairie Delalain continua leur spécialité et s'adonna principalement à la publication de livres répondant aux besoins de l'enseignement tel qu'il était alors constitué.

C'était l'époque de la grande Université impériale, sous laquelle florissait presque exclusivement l'instruction secondaire. La Restauration n'avait pas modifié sensiblement cette tendance, et l'enseignement primaire, délaissé par les pouvoirs publics, ne visait ni à s'étendre, ni à améliorer ses procédés. La loi de 1833 vint lui imprimer une impulsion notable. Pour seconder les généreuses intentions du législateur et fournir aux besoins d'écoles naissantes et de methodes nouvelles, tout un ensemble de livres était à créer, et la librairie classique élémentaire, il était facile de le prévoir, allait acquérir un développement insolite. M. Jules Delalain fut un des premiers à prendre l'initiative : avec l'ardeur qui lui était naturelle, il fit appel aux membres du corps enseignant et provoqua les plus autorisés d'entre eux à refondre ou à rédiger les livres indispensables aux maîtres et aux élèves. Cette question de l'enseignement élémentaire l'avait enflammé ; il n'y voyait pas seulement le développement de ses affaires, il poursuivait un but plus en rapport avec ses sentiments : faciliter aux enfants les premières notions de la lecture. Et non content, dans cet objet, de se mettre en relations avec des professeurs de mérite et d'expérience, il entreprit lui-même, au foyer de son jeune ménage, le berceau de ses premiers-nés sous les yeux, d'expérimenter et de coordonner les méthodes qui pouvaient le plus aisément conduire à l'enseignement du premier âge. C'est pour atteindre ce résultat qu'il a dérobé à la librairie bien des heures qu'il consacrait à l'*Ami de l'Enfance*[1].

La part que M. Delalain prenait ainsi à la création d'un cours complet d'enseignement primaire ne lui faisait cependant pas perdre de vue l'enseignement secondaire, pour lequel sa maison avait tenu le premier rang. A ce moment de transition et d'expansion classiques, il importait qu'on ne la vit pas déchoir. Il s'y appliqua résolument. Mettant à profit des connaissances acquises dans les classes

---

1. C'est sous ce titre général que M. Delalain a publié un petit Cours d'enseignement, comprenant : un *Abécédaire instructif et intéressant,* un *Fablier des enfants,* un *Magasin littéraire des enfants.*

ou dans la pratique, maintes fois il remania avec avantage le plan de livres qui lui étaient soumis et traça d'une main sûre le cadre de publications à adapter aux nouveaux programmes. C'est à ses suggestions, à ses conseils, qu'on doit le type de plusieurs ouvrages en usage dans les lycées. S'il ne resta pas sans rivaux dans les publications d'enseignement secondaire, on lui doit cette justice qu'il hésita rarement à entreprendre celles qui lui semblaient être d'un intérêt suffisant, et qu'il a attaché son nom à des œuvres d'une véritable importance.

Sans doute il eût pu donner à sa librairie une extension qu'il a vu sans envie prendre à d'autres : rien ne lui manquait pour cela. C'est volontairement et par excès de scrupule qu'il s'est borné. Il aimait à embrasser d'un coup d'œil l'ensemble de ses opérations. Et puis il entendait n'offrir aux élèves et aux maîtres que des ouvrages soigneusement revus, exactement corrigés, et pour ce soin il ne s'en rapportait qu'à lui-même, plein de cette salutaire pensée, qu'il ne faut mettre aux mains des enfants rien qui puisse blesser ces organisations impressionnables.

II

Les services rendus à l'enseignement par les publications de la librairie Delalain avaient attiré sur son chef l'attention du ministre de l'instruction publique, qui voulut attacher à la maison le titre d'*Imprimeur de l'Université*. M. Delalain s'efforça de justifier cette honorable distinction en s'occupant dès lors avec prédilection de la législation universitaire.

Frappé des difficultés qu'on éprouvait, au ministère et ailleurs, à retrouver les documents universitaires disséminés partout, il conçut le projet de fonder un recueil qui rassemblât et groupât méthodiquement les renseignements qui intéressent tous ceux que leurs fonctions ou leur goût appellent à connaître des choses de l'enseignement. La collaboration qu'il avait précédemment donnée à la *Gazette de l'Instruction publique* le conduisait, comme par une pente naturelle, à cette entreprise. C'est au mois de février 1848 que parut le premier numéro du *Recueil des lois et actes de l'Instruction publique*: commencé à la veille d'une révolution, il en a traversé sans encombre plusieurs autres, et jusqu'au 1er janvier 1877 M. Delalain en est resté le directeur-gérant[1].

Dans un ordre d'idées identique, il publia : *La loi du 15 mars*

1. C'est M. Paul Delalain qui, à cette date, a pris la gérance.
   J. D,

1850 *sur l'enseignement, expliquée et commentée par ses motifs, les actes législatifs et la jurisprudence.* Fruit de patientes recherches et d'un remarquable esprit de classification, ce commentaire contient la solution des principales questions que peut soulever l'exécution de la loi. Le succès qui accueillit cette monographie, sur le titre de laquelle, par modestie autant que par piété filiale, le nom de sa mère se trouve associé au sien[1], et les félicitations qu'en reçurent « les auteurs » encouragèrent M. Delalain à compléter et à améliorer son travail; en 1854, il en faisait paraître, en un volume de 250 pages, une nouvelle édition sous ce titre : *La loi sur l'enseignement du 15 mars 1850 combinée avec le décret-loi du 9 mars 1852 et la loi du 14 juin 1854, accompagnée de notes explicatives.* De même que sa devancière, elle obtint les suffrages des hommes compétents.

Attentif à relever les modifications que la succession des lois ou des arrêtés ministériels apportait aux attributions des fonctionnaires administratifs ou aux programmes, M. Delalain édita de 1869 à 1870, dans un ordre et avec une clarté qui ont fait de lui le commentateur juré des documents officiels sur l'instruction publique : 1° la *Législation de l'enseignement secondaire spécial* (1869) ; 2° la *Législation des établissements libres d'instruction publique* (1870) ; 3° *Les lois de l'instruction primaire combinées entre elles, avec indication des décrets et arrêtés rendus pour leur exécution* (1870); 4° la *Législation des titres honorifiques de l'instruction publique* (1869).

A ces publications qui visent surtout l'instruction primaire et secondaire, il en joignit une autre, l'*Annuaire de l'Instruction publique*, véritable *vade mecum* de tout fonctionnaire de l'Université. Commencé en 1850, cet état du personnel enseignant a été s'améliorant chaque année sous l'inspiration de son éditeur. C'est avec amour, en effet, que M. Delalain développait cet annuaire et le rendait chaque jour plus cher et plus indispensable à ses lecteurs.

Il ne faut pas oublier, dans cette revue succincte des travaux de M. Delalain, la collection des programmes d'admission aux Écoles du gouvernement et aux principales administrations publiques; ç'a été un véritable service rendu à tout le monde, mais surtout aux chefs d'institution, auxquels cette collection fournissait le moyen de conseiller les pères de famille sur la carrière à donner à leurs enfants.

Notons enfin la part qu'il a prise à la publication de plusieurs

---

1. Cette publication, ainsi que plusieurs autres, porte comme nom d'auteur : Nau et Delalain. La mère de M. Delalain était née Nau de Champlouis.

ouvrages sur des matières d'instruction publique : *Comptabilité des lycées, Recueil des circulaires et instructions, Dictionnaire d'instruction primaire,* etc.

Ces créations, nous en sommes convaincu, lui survivront. Elles lui avaient acquis, sur toutes les questions de jurisprudence universitaire, une compétence, une autorité qu'on se plaisait à invoquer, et que son inépuisable obligeance s'empressait de mettre au service de chacun. C'était pour ses travaux la récompense qu'il appréciait le plus. Il en avait toutefois reçu une autre : interprète du corps enseignant, le ministre de l'instruction publique lui avait décerné le titre d'officier d'académie, et plus tard celui d'officier de l'instruction publique.

III

L'attention qu'il donnait aux sujets universitaires n'absorbait pas, tant s'en faut, l'activité de M. Delalain. La propriété littéraire a fait aussi l'objet de ses études et lui doit plusieurs publications.

A toute époque, la consécration de la propriété littéraire et la poursuite de la contrefaçon ont préoccupé à bon droit la librairie française; on peut même affirmer que le besoin de mettre à couvert des intérêts communs a contribué pour beaucoup à la fondation du Cercle de la librairie. En 1858 M. Delalain en était le président. Lorsque s'ouvrit le Congrès de Bruxelles, dit «de la propriété littéraire et artistique, » il se trouvait tout naturellement désigné pour représenter les opinions de ses confrères à ce rendez-vous international. Afin d'éclairer le débat, il avait eu la patience de rechercher l'état de la législation sur la propriété des œuvres de l'esprit dans tous les États de l'Europe où l'on en rencontrait des traces, et des documents qu'il avait ainsi groupés il composait une intéressante brochure sous ce titre : *Législation de la propriété littéraire et artistique, suivie des Conventions internationales,* brochure qu'il a dû réimprimer depuis et dont il a donné cinq éditions successives. Dans le Congrès de Bruxelles, il prit une part active aux travaux des commissions ainsi qu'aux délibérations en séance publique. S'il ne s'y est déclaré partisan que d'une extension des droits des auteurs sur leurs œuvres et non de la perpétuité, en toute occasion on l'a vu le champion le plus convaincu de la reconnaissance de ces droits en faveur des nations étrangères, même sans réciprocité, telle enfin que la loi française l'a proclamée la première si chevaleresquement.

Dans un compte rendu qu'il a publié des travaux de ce Congrès,

M. Romberg, directeur des affaires industrielles au ministère de l'intérieur de Belgique, rendait à M. Delalain le témoignage suivant: « Nous nous faisons un devoir de constater ici la part de collaboration de M. Jules Delalain, qui, après avoir été l'un des auxiliaires les plus zélés du Congrès, a bien voulu nous aider à réunir les textes que nous publions. »

M. Delalain ne cessa depuis lors de se tenir au courant de tout ce qui s'est fait sur la propriété littéraire. En 1867, quand la loi du 14 juillet 1866 eut modifié, en l'accroissant, la durée des droits des auteurs, il coordonna les documents nouveaux avec les anciens, et fit paraître sous ce titre : *Nouvelle législation des droits de propriété littéraire et artistique, accompagnée de notes explicatives et suivie d'un résumé de la législation des pays étrangers,* la sixième édition de sa publication première.

En 1867 encore, il donnait une troisième édition de son *Recueil des conventions conclues par la France pour la reconnaissance des droits de propriété littéraire et artistique,* ouvrage dans lequel il expose l'état du droit international français, et ou il donne le tableau des conventions passées avec les pays étrangers. C'est un véritable code sur la matière, et, au Palais même, on y a souvent recours.

IV

Après avoir, à plusieurs reprises, fait partie de la Chambre des imprimeurs, M. Delalain en avait été, en 1866, élu président. 1866-1867, c'est pour l'imprimerie une époque de luttes. Toutes les questions politiques qui l'enserrent sont tour à tour agitées: brevets, responsabilité, concurrence de l'État. Il faut de plusieurs côtés à la fois faire face à l'adversaire et choisir les armes. M. Delalain fut à la hauteur des circonstances. Lui qui, par situation personnelle, n'avait rien à espérer ou à craindre du législateur, il embrassa la cause de la corporation avec une ardeur, un dévouement qui ne se démentirent pas. Qu'il fallût porter la parole auprès des ministres, ou fouiller les archives pour leur emprunter quelque document ignoré, on le vit toujours prêt. La lutte ne lui déplaisait pas.

C'est à ses laborieuses investigations qu'on doit cette série d'actes administratifs qui, réunis sous le titre de *Documents officiels* et publiés en 1868, ont jeté une éclatante lumière sur le régime de l'imprimerie en France; c'est lui qui, pièce à pièce, a reconstitué l'état civil de notre profession, heureux de mettre ainsi aux mains de ses confrères des titres irrécusables de leur droit à une indemnité alors que, soit dans les conseils du gouvernement,

soit dans la presse, un courant d'opinion tendait à supprimer les
brevets d'imprimeurs.

M. Delalain, du reste, disons-le en passant, n'était pas partisan
des nouveautés. La liberté de l'imprimerie lui semblait un présent
funeste fait à la société, en même temps qu'elle était une atteinte
à des situations acquises. Dans la haute idée qu'il s'était faite de la
profession d'imprimeur, il n'admettait pas qu'il fût loisible à qui-
conque de l'exercer, ni que la loi supprimât pour elle ces garan-
ties qu'on trouve à l'entrée de carrières moins semées d'écueils.
La liberté lui apparaissait encore comme un principe destructeur
de l'art typographique. Il s'en montra donc, en toute circonstance,
l'adversaire résolu. Contre la mesure projetée, contre l'iniquité
qu'elle consacrait, il combattit de la plume et de la parole et sou-
leva en un seul faisceau tous les intérêts alarmés. A son appel les
principaux imprimeurs de France se réunirent à Paris, et, le
34 mars 1867, il présidait un Congrès dont les résolutions, quelque
unanimes qu'elles aient été, ne devaient pas influer beaucoup
sur les intentions arrêtées en haut lieu.

En 1869, un second congrès, réuni pour répondre à un question-
naire ministériel, appelait de nouveau M. Delalain à le présider.

Ces temps s'éloignent ; pourtant je vois encore notre regretté confrère, les traits illuminés à la pensée de faire œuvre utile, prendre
place au fauteuil à côté des Mame, des Danel et des Silberman !

Lorsque la question de la responsabilité des imprimeurs fut sou-
levée devant les pouvoirs publics, les documents manquaient pour
la discuter à fond ; on pressentait une législation draconienne, des
pénalités multipliées ; nul n'en avait le texte sous les yeux, et
personne parmi nous qui osât en sonder les profondeurs. M. Delalain eut ce courage, et il dressa le *Tableau des responsabilités et
pénalités auxquelles les maîtres imprimeurs sont soumis*. L'œuvre
accomplie, comme le magicien du conte, il reculait épouvanté devant elle : c'est qu'en effet il y avait relevé, indépendamment de
peines accessoires, soixante-seize cas d'amende et quarante cas
d'emprisonnement. Tel était en effet, tel est encore le privilége des
imprimeurs !

Aussi, avec quelle énergie, quelle généreuse émotion il défendit
devant les ministres ou devant les commissions parlementaires les
droits naturels d'une corporation composée, après tout, d'hon-
nêtes gens.

Dans le même ordre d'idées, il fit paraître, aussi en 1868, un
*Tableau comparé de la législation de la presse littéraire et scienti-
fique, et de la presse politique et sociale*.

Enfin, c'est lui qui, toujours sur la brèche, a rédigé cette importante brochure : *Question de l'imprimerie nationale*, à l'occasion de laquelle M. Hérault, député, a déposé, au nom de la commission des pétitions, un si remarquable rapport.

V

Les travaux que nous venons d'énumérer suffiraient amplement, on en conviendra, à la notoriété de M. Delalain ; ils ne sont cependant qu'une partie de son œuvre, et nous en omettons bon nombre à coup sûr. L'étude le passionnait ; il avait pour les recherches bibliographiques un goût prononcé et une merveilleuse aptitude. Conduit à Montpellier en vue d'une convalescence à consolider, et sous l'inspiration d'un pieux sentiment, il entreprend une notice historique sur *les Pénitents blancs et les Pénitents bleus de Montpellier* : le *Journal de la librairie* en a rendu compte en son temps. Archives, bibliothèques publiques et particulières, il fouille tout, et, impatient comme un jeune homme ou comme un auteur, il ne peut pas attendre sa rentrée à Paris et fait imprimer sur place sa composition.

Antérieurement il avait fait paraître sous ce titre : *la Typographie française et étrangère à l'Exposition universelle de 1855*, une revue critique de l'état de l'imprimerie à cette date ; c'est une fort intéressante brochure, qui aujourd'hui encore se lit avec plaisir et avec fruit.

C'est lui qui rédigeait pour le *Journal de la Librairie* ou pour l'*Annuaire* du Cercle ces articles de jurisprudence ou de législation qui ont été des guides sûrs pour chacun de nous.

C'est lui qui, dans la *Question des livres scolaires*, réunissait, disposait chronologiquement et commentait les monuments de la jurisprudence en matière d'autorisation de livres classiques.

On lui doit également la remarquable notice sur Ambroise-Firmin Didot qu'a insérée notre journal. Lié d'amitié avec cet illustre confrère, M. Delalain n'avait pu laisser à d'autres le soin de raconter sa vie et ses travaux.

Enfin quelques jours avant sa mort, et se croyant sûr du lendemain, il adressait à ses amis le premier fascicule d'une *Législation de l'Imprimerie et de la Librairie*.

Doué d'un esprit des plus droits, ainsi que d'une réelle perspicacité, il fut, en outre, bien des fois choisi comme arbitre par ses confrères et prépara la solution des plus importantes affaires. Ses avis éclairés, son amour de la concorde ont prévenu souvent ou mis à néant des contestations prêtes à s'engager. Quelle que fût sa décision, on l'acceptait avec déférence ; personne n'était tenté de se plaindre, tant on avait confiance dans son inébranlable impartialité.

Un pareil labeur, si considérable qu'il paraisse, ne dépassait pas les forces de M. Delalain ; il suffisait à tout. De 1857 à 1862, il avait même accepté les fonctions d'adjoint au maire d'un arrondissement de Paris, fonctions qu'une cruelle maladie l'a seule conduit à résigner.

Jamais, du reste, il n'a compté lorsqu'il s'est agi des intérêts de l'imprimerie et de la librairie, jamais il ne leur a marchandé ni son temps ni sa bourse. Toujours le premier à la peine, sa modestie ne recherchait pas l'honneur. Il n'avait pas brigué la présidence du Cercle : il fut flatté d'y être appelé, et se voua avec tant de zèle au développement de cette institution, que le Conseil d'administration, reconnaissant, lui décerna à l'unanimité un jeton d'or, frappé à son intention. Il n'avait pas non plus ambitionné la présidence de la Chambre des imprimeurs : elle lui fut offerte, et nous avons dit la façon brillante dont il l'a exercée. Une circonstance se présenta pourtant où il sollicita le suffrage de ses confrères : une place était vacante à la Chambre de commerce ; il se mit sur les rangs ; sa grande situation, ses travaux, sa longue expérience, le désignaient pour cette fonction, couronnement envié d'une carrière commerciale. Le résultat de l'élection ne lui fut pas favorable. Sans en conserver d'amertume, il fut cependant attristé de cet échec, moins que ses amis toutefois, et se tint depuis lors un peu à l'écart.

VI

Dirons-nous maintenant combien M. Delalain était bon, combien il était charitable, et comme sa bienfaisance était discrète ? Ce n'est jamais en vain qu'on a fait appel à son cœur, et on peut dire de lui qu'il avait toujours la main ouverte.

En 1870, lors du siége de Paris, il s'est imposé de lourdes charges pour nourrir ceux que le malheur du temps ne lui permettait plus d'occuper.

Plein de sollicitude pour ses ouvriers, pour ses employés, il s'ingéniait sans cesse à assurer la paix de leurs vieux jours. En cela encore, cependant, il n'adoptait pas les idées d'une certaine école. Quelque souci qu'il eût du bien-être de ses coopérateurs, il n'était pas partisan de la *coopération* ; c'est en père, et non en associé, qu'il leur constituait annuellement des avantages sous forme de livrets de caisse des retraites. C'est dans ce même esprit qu'en 1867, au mépris de ses intérêts, mais pour maintenir intacte l'autorité patronale, il promulguait pour sa maison un tarif plus élevé que celui qu'imposait à la même époque la Société typographique aux divers ateliers de Paris.

Sa préoccupation constante semblait être de ne faire autour de soi que des heureux. Lui-même l'a été, autant qu'on peut l'être en ce monde : uni pendant quarante ans à une vaillante et affectueuse compagne, entouré de la considération générale, il a élevé, il a établi une nombreuse et belle famille, aux joies et aux douleurs de laquelle nous avons tous eu l'occasion de prendre part. En 1864 et en 1866 il avait successivement associé deux de ses fils, Henri et Paul, à sa maison d'imprimerie et de librairie. Il terminait les travaux relatifs à sa liquidation, se retirant peu à peu des affaires actives. Pour se remettre de quelque fatigue, il était allé passer quelques jours à Boissy-sous-Saint-Yon, dans la propriété de son frère, lorsque le 14 juillet la mort est venue brusquement le surprendre.

Une bien rude épreuve l'avait d'ailleurs atteint : il y a quinze mois, Mme Delalain mourait entre ses bras, enlevée, en pleine santé, en moins d'une heure, à sa famille éplorée. Singulière rigueur du sort ! c'est au moment même où, préparant sa retraite, il était sur le point de prendre avec elle possession d'un charmant hôtel qu'il venait d'acquérir à Passy ! M. Delalain ne se remit jamais de ce coup ; quelque distraction qu'il parût chercher, voyages ou travaux littéraires, une teinte de mélancolie ne cessa dès lors d'empreindre ses traits. S'il ne se retira pas complétement de ce cercle d'imprimeurs et de libraires au milieu duquel s'est écoulée sa vie, on ne le voyait plus qu'à de rares intervalles, et seulement lorsqu'il estimait qu'il y avait quelque chose d'utile à faire pour la corporation, ou quelque chose de bienveillant à dire à quelqu'un.

L'honneur de retracer une vie si bien remplie et de rendre hommage à cette pure mémoire a dû tenter plus d'un des amis de M. Delalain. Quelque peu autorisé que je fusse, je l'ai sollicité. Un pieux devoir m'y poussait. Dans ses épanchements intimes il m'en avait exprimé le vœu. Certes il ne pensait pas être ravi sitôt à l'affection de tous ; mais il lui semblait doux, le moment suprême arrivant, d'être assuré que ses titres au souvenir de ses confrères seraient rappelés par une voix amie. Je m'y suis efforcé. Et si maintenant l'on n'a pas senti tout l'attachement que j'avais pour cet homme de bien, c'est que ma plume a été insuffisante à l'exprimer.

Ch. Noblet.